Herzlich willkommen bei Familie Lerndrache!

Super, dass du mit uns üben und lernen möchtest! Du wirst sehen: Mit uns macht das richtig viel Spaß! Wir haben viele Tipps für dich und helfen dir, sodass du bald fit in Deutsch bist.

Name: Lizzy Lerndrache
Das mag ich: Sport, vor allem Reiten und Ballett; schöne Kleider und meine Perlenkette; meine Familie, besonders meinen Bruder Lenny (meistens jedenfalls)
So bin ich: erfinderisch und ganz schön schlau
So helfe ich dir: Ich habe extra clevere Tipps für dich. Und bei den Tests überreiche ich dir die Siegerurkunde.

Name: Lenny Lerndrache
Das mag ich: Sport; alles, was mit Technik zu tun hat; Feuer spucken; meine Familie, besonders meine Schwester Lizzy (meistens jedenfalls)
So bin ich: hilfsbereit und neugierig
So helfe ich dir: Ich sage dir alles, was du dir merken solltest. Außerdem gebe ich den Startschuss für die Tests!

Name: Floh Lerndrache (Baby)
Das mag ich: Quatsch!
So bin ich: frech und noch klein, daher kann ich kaum reden und leider noch nicht fliegen
So helfe ich dir: Ich mache Unfug und sorge dafür, dass du beim Lernen was zu lachen hast.

Name: Nepomuk Lerndrache (Opa)
Das mag ich: fliegen und Saltos schlagen; mit meinem Stock zaubern; faulenzen; meine Enkelkinder
So bin ich: gemütlich, manchmal kann ich auch richtig frech sein
So helfe ich dir: Ich verrate dir meine ganz persönlichen Eselsbrücken. Außerdem erinnere ich dich daran, auch mal eine Pause zu machen!

Die kleinen Lerndrachen

Mein großes Trainingsbuch Deutsch 2. Schuljahr

von Ursula Lassert

Die kleinen Lerndrachen – Lernen mit System

üben

Übungsbücher mit dem kompletten Stoff eines Fachs pro Schuljahr.

nachschlagen

Der komplette Stoff der Grundschulzeit zum Nachschlagen plus zahlreiche Übungen auf CD-ROM.

testen

Testblock: Zahlreiche Testaufgaben mit Quizcharakter plus Lösungen und ausführlicher Auswertung.

Bibliografische Information der Deutschen Nationalbibliothek
Die Deutsche Nationalbibliothek verzeichnet diese Publikation in der Deutschen Nationalbibliografie; detaillierte bibliografische Daten sind im Internet über http://dnb.ddb.de abrufbar.

Auflage 5. 4. 3. 2. 1. I 2013 2012 2011 2010 2009
Die letzten Zahlen bezeichnen jeweils die Auflage und das Jahr des letzten Druckes.

Dieses Werk folgt der neuesten Rechtschreibung und Zeichensetzung 2006.

www.klett.de/lernhilfen
Umschlagillustration und Leitfiguren: Thomas Thiemeyer, Stuttgart
Illustrationen: Andrea Büdinger, München: S. 87, 90; Steffen Jähde, Berlin: S. 99;
Udo Clormann, Wiesbaden: S. 10, 20, 21, 28, 29, 32, 34, 36, 37, 38, 40, 41, 42, 46, 65, 76, 80, 86, 99, 100; Alle übrigen Illustrationen: Ursula Lassert.

Satz: TEBITRON GmbH, Gerlingen
Druck: Mediahaus Biering GmbH, München
Printed in Germany
ISBN 978-3-12-929239-6

Aufsätze schreiben – Erzählungen

Aufsätze schreiben – Sachtexte

Hallo liebe(r) ____!

(Trage hier deinen Namen ein.)

In diesem Buch findest du alles, was du im Fach Deutsch im 2. Schuljahr wissen solltest. Der Stoff verteilt sich auf fünf große Kapitel: Rechtschreibung, Sprache untersuchen, Texte lesen und verstehen, Aufsätze schreiben (Erzählungen und Sachtexte). Du kannst dir gezielt ein Thema aussuchen, das du wiederholen und üben möchtest.

Natürlich kannst du auch das ganze Buch durcharbeiten. Vergiss jedoch nicht: Es ist besser, öfters kurze Zeit zu üben als nur einmal stundenlang. Jede Doppelseite in diesem Buch kannst du in 10–15 Minuten bearbeiten. Das ist die ideale Lernportion, die du auch nach den Hausaufgaben noch gut schaffen kannst. Viel Erfolg!

Das bedeuten die unterschiedlichen Zeichen:

Merkkasten – Lenny fasst in den gelben Merkkästen alles Wichtige für dich zusammen. Präge dir diese Regeln gut ein.

Für-Könner-Aufgabe – Aufgaben mit diesem Symbol sind etwas schwieriger. Bist du ein echter Könner und schaffst sie schon?

Diktate – Texte mit diesem Zeichen kannst du dir diktieren lassen.

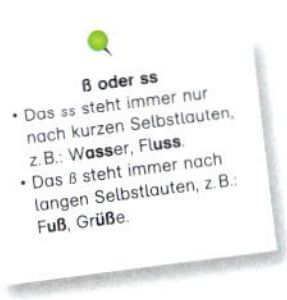

Regel-Übersichten – Am Ende von jedem Kapitel findest du auf einen Blick die wichtigsten Regeln. Du kannst sie immer wieder nachschlagen und sie dir leicht einprägen.

24 P

Tests – Am Schluss jedes Kapitels kommt ein Test. Mit dem Test kannst du überprüfen, wie gut du schon bist. Die Lösungen, die Punktevergabe und eine Bewertung deines Ergebnisses findest du im Lösungsheft.

Lösungsheft – Du findest es im hinteren Umschlag.

Fachbegriffe – Auf Seite 104 findest du wichtige Fachbegriffe.

Ein Regentag im Herbst

Es regnet. Der Wind bläst die Blätter durch die Luft. Es ist kalt. Barbara und Leo sind zu Hause. Hier ist es warm und gemütlich. Leo badet und Barbara liest ein Buch. Ihr kleiner Bruder baut eine Burg.

1 Kreise oben alle Wörter mit *B* rot ein.

2 Kreise oben alle Wörter mit *b* blau ein.

3 Schreibe die Wörter auf der Badewanne in die richtige Spalte.

Namenwörter	Tunwörter
Berg	bitten

Für Könner!

4 Ergänze *B* oder *b*.

!

Ge_iss

gel_

Ra_be

_aden

Tu_e

_irne

lie_

hal_

Kor_

Ga_el

he_en

du_ist

_ei

Stau_

_uch

Sprich den **Buchstaben „b“** in den Wörtern weich und deutlich. Lege dazu die Lippen leicht aufeinander.

5 Ordne die Wörter aus Aufgabe 4 richtig ein.

B____ / b____	**__b__**	**____b**
baden	Rabe	lieb

Wilde Jagd im Garten

Laura steht am Gartenzaun und schaut zu, wie ihr Kater Flausch eine Maus jagt. Leise schleicht er durch das Gras, um den Pflaumenbaum herum und unter einen großen Strauch. Nun springt er los. Schwupp, da hat er sie erwischt!

1 Mache oben einen blauen Klecks auf alle *au*.

2 Schreibe die Wörter hier auf.

3 Suche Reimwörter.

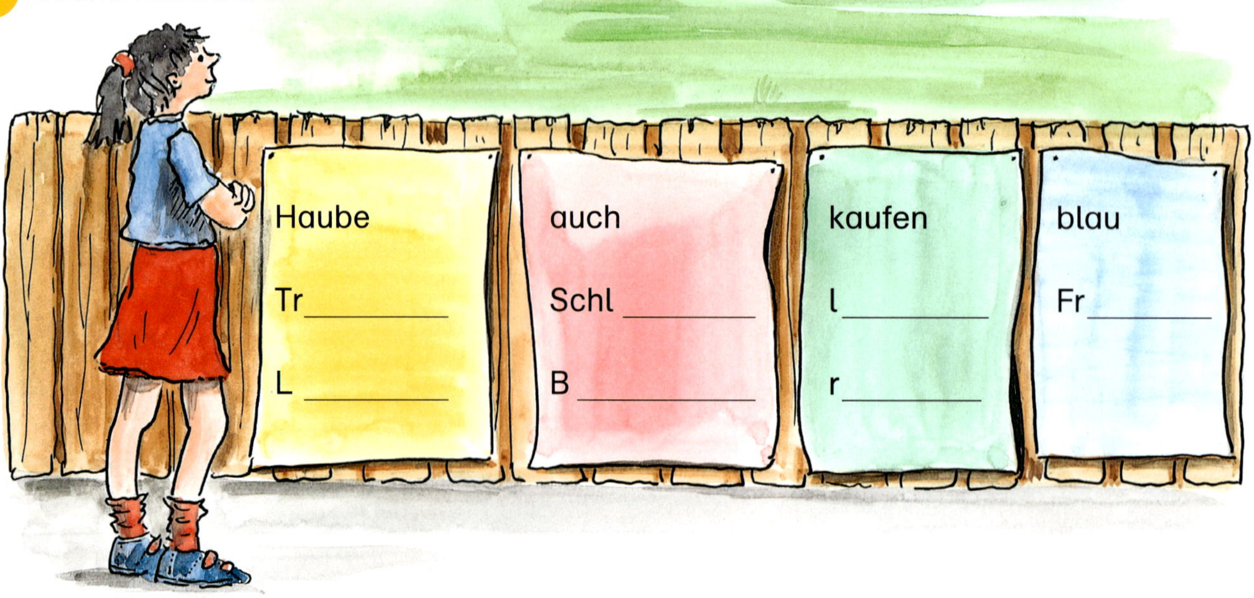

4 Ergänze *au* oder *äu*.

Tina und ihr Freund Klaus sind auch im Garten und malen.

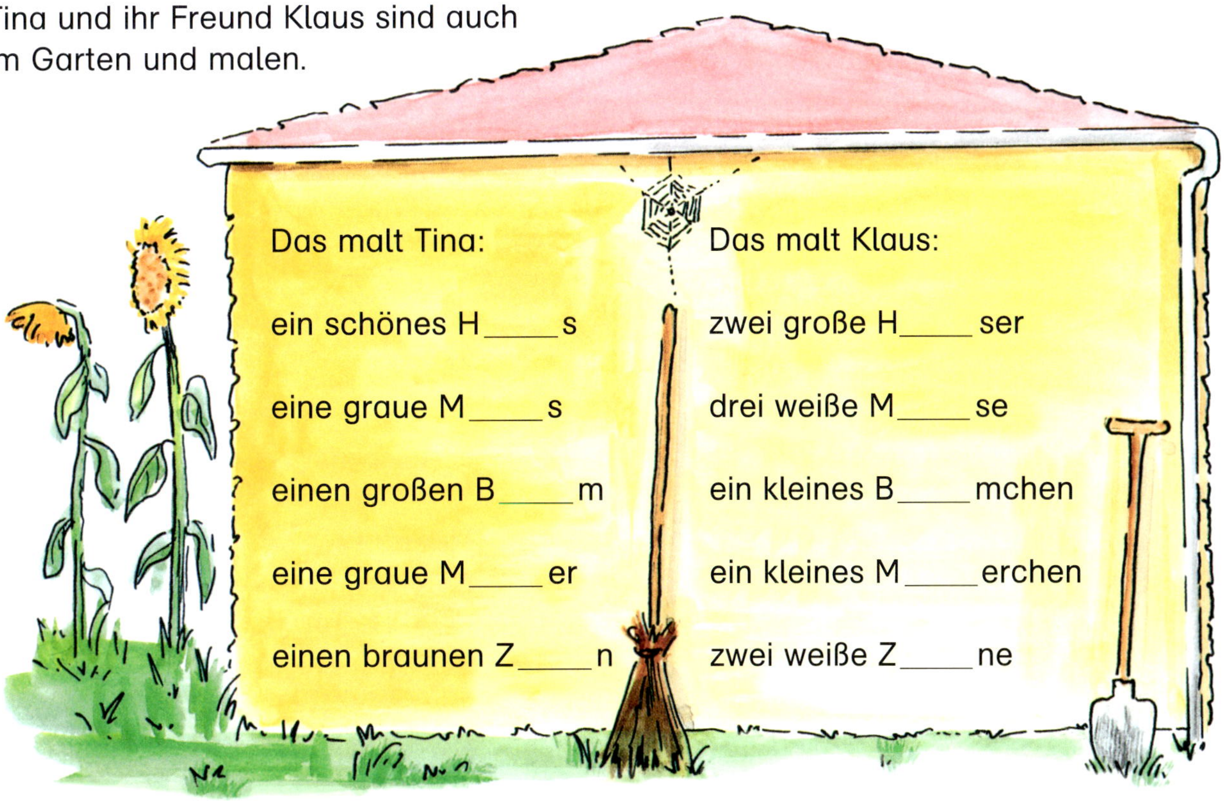

Das malt Tina:	Das malt Klaus:
ein schönes H____s	zwei große H____ser
eine graue M____s	drei weiße M____se
einen großen B____m	ein kleines B____mchen
eine graue M____er	ein kleines M____erchen
einen braunen Z____n	zwei weiße Z____ne

Wörter mit *äu* haben verwandte Wörter mit *au.* (H**äu**ser – H**au**s).

5 Verbinde, was zusammengehört.

kauft

träumen

laufen

Bauer

Daumen

Läufer

Käufer

Däumchen

Traum

Bäuerin

Arbeit in der Küche

Weil Tante Bella krank ist, sind Anne, Hannes und Vati für ein paar Tage zu ihr gefahren, um zu helfen. Sie stehen in der Küche und wollen das Abendessen zubereiten. Aber wo sind nur die passenden Teller und Tassen? Wo ist der Pfeffer und wo ist die Butter? Endlich ist das Abendessen fertig. Guten Appetit!

1 Mache oben grüne Kleckse auf alle doppelten Mitlaute.
(Bella, Anne …)

2 Schreibe diese Wörter auf.

Bella, ____________________

____

____

Hat ein Tunwort einen doppelten Mitlaut, bleibt dieser in allen Formen erhalten (ro**ll**en, ro**ll**t, ro**ll**te, gero**ll**t).

3 Schreibe so:

knallen – es knallt

klirren – es ______

rollen – ______

schellen – ______

summen – ______

4 Suche Reimwörter.

Tasse
Kl_______

Riff
Sch_______

essen
fr_______

Fall
B_______
Kn_______

Butter
M_______

Pfanne
K_______
T_______

Suppe
P_______

5 Findest du die Wörter im Kasten?
Schreibe sie hier auf.

____

____

N	S	O	N	N	E
D	U	M	M	Z	L
P	K	A	M	M	B
F	G	V	O	L	L
A	F	F	E	X	H

Selbstlaute (*a, e, i, o, u*) vor dem doppelten Mitlaut sind immer kurz.

6 Mache einen Punkt unter die kurzen Selbstlaute.

Mutter Ball holen Sommer hupen Treppe

Im Kaufhaus

Tina ist mit ihrem Bruder und ihrem Vater im Kaufhaus. Sie hält eine Zeitung. Tobias trägt eine Tüte mit Heften. Vater hat neue Tassen und Teller gekauft. Auf der Treppe begegnen sie Kati. Sie gehen alle zusammen Eis essen.

1 Ordne die Wörter aus dem Diktat.

T ____ / t ____	____ t ____	____ t
Tina	________	________
________	________	________
________	Tüte	mit
________	________	________
________	________	________
________	________	________
________	________	________

2 Bilde Tunwörter.

3 Erkennst du die acht Namenwörter?
Schreibe sie auf.

____

____

____

Tunwörter haben in der **dritten Person** immer ein *t* am Wortende (er gib**t**, sie lach**t**, es sing**t**, ...).

4 Ergänze die fehlende Form.

machen – er macht | gehen – sie ______________

stehen – er ______________ | fliegen – sie ______________

sausen – er ______________ | springen – sie ______________

Für Könner!

5 Wie heißt die Einzahl? Schreibe mit Begleiter.

!

Nähte – die Naht | Hüte – ______________

Zelte – ______________ | Kräuter – ______________

Brote – ______________ | Lichter – ______________

Der erste Ritt

Aufgeregt sitzt Markus zum ersten Mal auf einem Pferd. Er hält den Kopf hoch und den Rücken gerade. Sein Herz klopft vor Angst ganz laut. Vorsichtig reitet er zwei Runden. Prima, er hat es ganz allein gemacht! Am liebsten möchte er vor Freude hüpfen.

1 Kreise oben die Wörter mit *Pf* und *pf* ein.

2 Ordne die Wörter richtig ein.

Pf: Pferd, ______________________________

____

____

pf: pfeifen, ______________________________

____

____

____

3 Suche Reimwörter.

klopfen

st ________

Knopf

T ________

Z ________

stumpf

Str ________

Zipfel

G ______

4 Ergänze *pf* oder *f*.

Tim ___eift ein Lied. Tina hat die Küche ge___egt. Anna hil___t der Mutter.

Luis ___iel gestern vom Baum. Nora ___legte die kranke Katze.

5 Bilde zusammengesetzte Wörter.

Spaß auf dem Spielplatz

Franziska und Simone spielen auf dem Spielplatz. Viele Freundinnen und Freunde sind auch dort. Nora kriecht durch ein dickes Rohr. Hanno läßt sein Flugzeug fliegen. Und was macht Nina? Sie liegt auf der Wiese und liest.

Das lange *i* wird meistens als *ie* geschrieben, z. B. v**ie**l, Sp**ie**l.

1 Mache oben einen roten Klecks auf alle *ie*.

2 Schreibe diese Wörter auf.

____

____

____

____

3 Ergänze *viele*.

Simone hat __________ Freunde.

Sie kennt __________ Spiele.

Sie isst gerne __________ Bananen.

4 Suche Reimwörter.

5 Bilde Wörter mit *Spiel*.

Strandspiele

Familie Stern macht Ferien am Strand. Die Sonne strahlt. Maja versucht ihren Drachen steigen zu lassen. Jan und Nele spielen im Wasser. Stefan baut mit seinem Spaten eine Burg. Die Eltern sonnen sich.

1 Mache oben einen blauen Klecks auf *Sp* und *sp.*

2 Mache oben einen roten Klecks auf *St* und *st.*

3 Ordne die Wörter von Aufgabe 1 und 2 richtig ein.

4 Suche Reimwörter mit *st.*

Sp und *sp* werden am Wortanfang *schp* gesprochen.
St und *st* werden am Wortanfang *scht* gesprochen.

5 Was gehört zusammen?

Eine Floßfahrt

Die Einwohner aus dem Dorf Untersee freuen sich. Sie feiern ein großes Fest. Am schönsten ist die Fahrt auf einem Floß. Die Floßführer begrüßen die Gäste mit lautem Hallo. Hurra, schon geht es los!

1 Kreise oben alle Wörter mit ß rot ein.

2 Schreibe die Einzahl.

die Grüße – der ______________

die Flöße – das ______________

die Späße – der ______________

die Füße – der ______________

die Blumensträuße – der ______________

3 Ergänze ß.

Gru ___, sü ___, Strau ___,

hei ___, Fu ___, gro ___, flie ___ en

bei ___ en, wei ___, Stra ___ e,

grü ___ en, sto ___ en, schlie ___ en,

flei ___ ig

ß steht immer nach **langen Selbstlauten,** z. B.: **Fuß**, Grü**ß**e.

4 Setze das passende Wort ein.
Verwende die Wörter aus den Aufgaben 2 und 3.

a) Peter läuft auf nackten ______________.

b) Tante Anna schickt liebe ______________ aus Italien.

c) Die Clowns machen lustige ______________.

d) Die Erdbeeren schmecken besonders ______________.

e) Der kleine Mops will Julia ins Bein ______________.

f) Auf der ______________ sind Autos.

Das *ss* steht immer nur nach **kurzen Selbstlauten,** zum Beispiel W**ass**er, Fl**uss**.

Für Könner!

5 *ß* oder *ss*?

!

das Wa____er, das Ki____en, ich wei____,

die Ta____e, mein rechter Fu____,

der Blumenstrau____, unsere Kla____e,

flie____en, er grü____t, sie kü____t

Ferien auf dem Bauernhof

Justus und Tina freuen sich. Endlich wieder Ferien bei Oma und Opa auf dem Bauernhof! Ihre Augen leuchten. Dieses Mal will Opa mit ihnen Kartoffeln im Feuer braten. Dazu werden auch viele Freunde eingeladen. Das wird schön!

Wörter mit *eu* haben immer nur verwandte Wörter mit *eu*, z. B.
Freunde – Freund.
Am besten merkst du dir die Wörter mit *eu*.

1 Unterstreiche alle Wörter mit *eu.*

2 Schreibe diese Wörter auf.

____

____

____

____

____

3 Bilde Wörter mit *eu.*

4 Ein schwieriges Rätsel.

1) trockenes Gras

2) Gegenteil von *alt*

3) Menschen

4) Tag nach gestern

Es ist eine ______________.

Für Könner!

5 Ordne die sechs Wörter aus Aufgabe 3 dem Alphabet nach.

1) ______________ 2) ______________ 3) ______________

4) ______________ 5) ______________ 6) ______________

Waschtag

Sascha diktiert seiner Schwester diesen Satz:
Zwischen zwei schwarzen Schwänen schweben zwei Schmetterlinge. Das ist Hanna zu schwer. Da hilft sie lieber dem Vater bei der Wäsche. Und schwupp, weg ist sie!

1 Unterstreiche oben die Wörter mit *Sch* rot und mit *sch* blau.

2 Schreibe die drei Wörter mit *Sch* auf das rosa Tischtuch.

3 Schreibe die sieben Wörter mit *sch* unten auf.

Sascha, ______________________________

____

4 Kreise nur die Namenwörter ein.

SCHNEIDEN

SCHMECKEN

SCHNECKE

SCHMAL

SCHREIBEN

SCHRIFT

SCHAL

SCHRÄG

SCHRANK

5 Ordne die Wörter unten auf dem Busch richtig ein.

sch besteht aus drei Buchstaben, ist aber nur **ein** Laut.

6 Bilde Tunwörter.

au/äu und eu

- **Wörter mit** *äu* haben verwandte Wörter mit *au* (H**äu**ser – H**au**s).
- **Wörter mit** *eu* haben verwandte Wörter mit *eu* (Fr**eu**nde – Fr**eu**nd).

Doppelter Mitlaut

- Hat ein Tunwort einen doppelten Mitlaut, bleibt dieser in allen Formen erhalten (ro**ll**en, ro**ll**t, ro**ll**te, gero**ll**t, ...).
- Selbstlaute (*a, e, i, o, u*) vor dem doppelten Mitlaut sind immer kurz.

Wörter mit T/t

- Tunwörter haben in der **dritten Person** immer ein *t* am Wortende (er gib**t**, sie lach**t**, es sing**t**, ...).
- Wenn du nicht weißt, ob ein *d* oder *t* am Wortende steht, **bilde die Mehrzahl** (Zel**t**-Zel**t**e). Sprich laut vor dich hin, dann hörst du den Unterschied besser.

pf oder f?

Beim Schreiben von *pf*-Wörtern hilft dir gutes Hinhören und deutliches Sprechen.

Das lange i

Das lange *i* wird meistens als *ie* geschrieben, z. B.: v**ie**l, Sp**ie**l.

ß oder ss

- Das *ss* steht immer nur nach kurzen Selbstlauten, z. B.: W**ass**er, Flu**ss**.
- Das *ß* steht immer nach langen Selbstlauten, z. B.: Fu**ß**, Grü**ß**e.

sp und st

- *Sp* und *sp* werden am Wortanfang *„schp"* gesprochen.
- *St* und *st* werden am Wortanfang *„scht"* gesprochen.

1 Ergänze *b* oder *p*.

der Ra___e, der Kor___, ___aden,

die Tul___e, lie___, hu___en, ___ei,

die Lu___e, die Tu___e

9 P

2 Ergänze *äu* oder *eu*.

die Sch___ne die H___ser die Z___ne

das F___er die L___te die M___se

das D___mchen

7 P

3 Schreibe in der dritten Person.

brummen – es ______________ fallen – sie ______________

knallen – er ______________ rennen – sie ______________

4 P

4 Wie heißt die Einzahl? Schreibe mit Begleiter.

die Wälder – der ______________ die Krüge – ______________

die Hüte – ______________ die Zelte – ______________

die Burgen – ______________ die Länder – ______________

11 P

5 Ergänze *ß* oder *ss*.

die Grü___e das Wa___er flei___ig hei___

bei___en wi___en Nu___

7 P

In diesem Test habe ich ______ Punkte von insgesamt 38 Punkten erreicht.

Am Sonntag zu Hause

1 Kreise die Namen für Personen rot ein, die Namen für Tiere grün, die Namen für Pflanzen gelb und die Namen für Dinge blau.

Namenwörter sagen dir die Namen von Personen, Tieren, Pflanzen und Dingen. Du schreibst sie **groß**.

2 Schreibe die Namenwörter in die richtige Spalte.

Namen für Personen	**Namen für Tiere**	**Namen für Pflanzen**	**Namen für Dinge**
Lena			

3 Unterstreiche unten im Text alle Namenwörter braun.

Lena und Mia spielen auf dem Boden.
Lukas spielt Gitarre.
Frau Klem bringt Getränke ins Zimmer.
Papa sitzt auf dem Sofa und liest die Zeitung.
Ein Ball liegt auf dem Boden.

4 Streiche jeweils das falsche Wort durch.

Blume Bäume Sträucher Auto

Sofa Ameise Tisch Schrank

Löwe Tiger Kirsche Elefant

Für Könner!

5 Trenne die Wörter mit einem Strich voneinander. Dann schreibe den Text richtig auf.

!

ANNESUCHTIHRETASCHE.WOISTSIENUR?
SIEISTINDERBADEWANNE.WIESELTSAM!

So viele Tierbilder!

1 Ergänze *ein* oder *eine*.

ein Vogel

_____ Hund

_____ Hahn

_____ Elefant

eine Katze

_____ Maus

_____ Kamel

_____ Giraffe

_____ Hamster

_____ Kuh

_____ Huhn

_____ Nashorn

_____ Ente

_____ Krokodil

_____ Pferd

_____ Hase

2 Ergänze aus Aufgabe 1 den passenden Tiernamen mit Begleiter (ein, eine).

Eine _______________ miaut.

_____ _______________ hat ein Horn auf der Nase.

_____ _______________ hat einen langen Hals.

_____ _______________ schreit kikeriki.

_____ _______________ legt Eier.

Merk's dir!

Namenwörter können die Begleiter **ein** oder **eine** haben.

3 Kai legt lange Listen von allen Tierbildern an und hängt sie an die Wand. Schreibe die Tiernamen in die richtige Spalte.

der	die	das
______	Katze	______
______	______	______
______	______	______
______	______	______
______	______	______
______	______	______

4 Kreise alle Begleiter grün ein.

Hänge das Hundebild an die Wand!
Kai und Karin sammeln Tierbilder.
Karin sucht ein Tierbuch.
Kai schreibt die Tiernamen auf.
Wo ist das Nashorn?

Namenwörter können auch die Begleiter **der, die, das** haben.

5 Wie heißt die Einzahl?

die Pfaue – der Pfau

die Zebras – ______ ______

die Elche – ______ ______

die Rehe – ______ ______

die Kühe – ______ ______

Aufräumtag in der 2a

Heute wird in der 2a gründlich aufgeräumt.
Die Kinder sammeln die Sachen zusammen.
Alles soll in das neue Regal gelegt werden.
Jens klebt die Schilder unter die Fächer.
Anne schreibt alles auf.

1 Welche Schilder muss Jens aufkleben? Hilf ihm und schreibe die richtigen Wörter zu den Fächern.

Baustein · Block · Buch · Vase · Flöte · Pinsel · Stift · Becher · Bausteine · Bücher · Heft · Scheren · Pinsel · Flöten · Spiele · Stifte · Schere · Vasen · ~~Blöcke~~ · Becher · Spiel · Hefte

2 Anne schreibt diese Liste auf.

Einzahl	**Mehrzahl**
Auf dem Tisch liegen	**Im Schrank sind**
ein Heft	viele Hefte
eine Flöte	fünf ____________
ein Block	zehn ____________
ein Becher	viele ____________
ein Stift	viele ____________
ein Buch	sechs ____________
ein Baustein	viele ____________
eine Schere	viele ____________

3 Setze die Einzahl oder die Mehrzahl ein.

Block – Blöcke

Schere – Scheren

Brief – Briefe

Buch – Bücher

Stift – Stifte

Anne legt vier ____________ auf den Tisch.

Simon schreibt gerne viele ____________ .

Lukas malt auf seinem ____________ .

Die roten ____________ liegen im Kasten.

Liv schneidet mit einer kleinen ____________ .

Namenwörter können in der **Einzahl** (Heft, Buch, ...) und in der **Mehrzahl** (Hefte, Bücher, ...) stehen.

In der Pause

1 Schreibe die passenden Tunwörter auf das Bild.

essen, gehen, hüpfen, lesen, schreiben, rechnen, ~~malen~~, reden

Tunwörter sagen dir,
was jemand tut.
Du schreibst sie **klein.**

2 Ergänze die Tunwörter in den Sätzen.

Felix und Rita ________________ ihre Brote.

Maria und Bodo ________________.

Kai und Lisa ________________ ein Gesicht.

Dirk und Mia ________________ Bücher.

Anja und Katrin ________________.

Paul, Nora und Jonas ________________ miteinander.

Lia und Max ________________ einen Brief.

Lotte und Emil ________________ nach Hause.

3 Kreise die Wörter ein, die du für *gehen* verwenden kannst.

stolpern lachen eilen essen spucken laufen hüpfen

wandern schreiben rennen reden weinen

4 Ordne die Wörter für *sagen* und *hören* richtig ein.

anhören flüstern antworten horchen verstehen

erzählen zuhören berichten

sagen: ____

hören: ____

Klassenausflug der 2b

1 Kreise die Tunwörter im Text ein.

Ein Vogel fliegt.
Kai klettert auf den Baum.
Klaus schläft.
Lea spielt mit einem Ball.
Hei, ihr springt aber weit!
Anna kriecht unter einen Busch.
Dirk und Jule sitzen auf einem Baum.
Jan liest ein Märchenbuch.
Ich hüpfe. Und was tust du?

2 Ergänze die passenden Tunwörter.

Klaus ______________ .

Hei, ihr ______________ aber weit!

Kai ______________ auf den Baum.

Lea ______________ mit einem Ball.

Jan ______________ ein Märchenbuch.

Ein Vogel __________ .

Ich __________.

Und was __________ du?

Anna __________ unter einen Busch.

Dirk und Jule

__________ auf einem Baum.

Tunwörter haben verschiedene Endungen.
Sie richten sich nach dem, der etwas tut.

ich	schreib**e**
du	schreib**st**
er, sie, es	schreib**t**
wir	schreib**en**
ihr	schreib**t**
sie	schreib**en**

3 Ergänze die fehlenden Formen.

gehen	ich gehe	du gehst	er geht
__________	__________	du schreibst	__________
__________	ich rede	__________	__________
__________	__________	__________	sie isst
springen	__________	__________	__________

Im Kaufhaus

1 Unterstreiche die Wiewörter in dem Text grün.

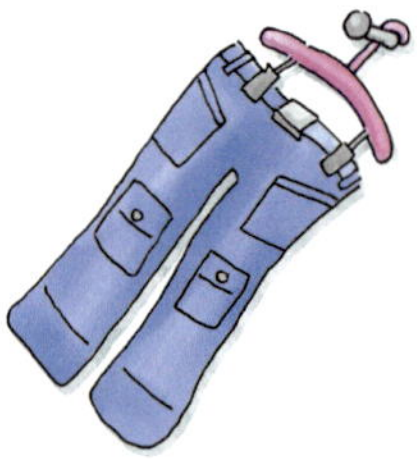

In unserer großen Modeabteilung finden Sie kurze Kleider und lange Mäntel, helle Jacken und weite Röcke, lange Hosen und flauschige Pullover, weiße Socken und dunkle Anzüge. Kurz, hier finden Sie alles, was Sie brauchen.

2 Zeichne einen Strich zwischen die einzelnen Wiewörter.

dickkaltfalschhartnasslangbreitaltweißgroß

3 Verbinde, was zusammengehört.

größer — länger — härter — weich

hart — groß — weicher — lang

Wiewörter sagen dir, **wie** Menschen, Tiere, Pflanzen oder Dinge sind.
Sie werden **kleingeschrieben**.
Mit Wiewörtern kannst du **Vergleiche** vornehmen.

4 Ordne die Wiewörter von Aufgabe 2 dem Alphabet nach.

1. ____________ 2. ____________ 3. ____________

4. ____________ 5. ____________ 6. ____________

7. ____________ 8. ____________ 9. ____________

10. ____________

5 Schreibe die Gegenteile auf. Du findest sie in Aufgabe 2.

klein	groß
weich	____________
dünn	____________
kurz	____________
neu	____________
warm	____________

Für Könner!

6 Ergänze das passende Wiewort aus Aufgabe 3.

!

Die Erdbeere ist weich, aber die Butter ist ______________.

Emmas Schal ist ______________, aber Carlas Schal ist länger.

Raffaels Haus ist groß, aber Tonis Haus ist ______________.

Die Birne ist hart, aber meine Nuss ist ______________.

Im Zirkus

1 Ergänze die richtige Form der Wiewörter.

In diesem Zirkus gibt es viel zu sehen:

viele lustige Clowns, einen __________ Elefanten,

einen ______________ Gewichtheber,

zwei ____________ Seiltänzerinnen,

viele __________ Bälle, drei __________ Seehunde,

einen __________ Löwen und vieles mehr.

Wiewörter können sich verändern,
z. B. lustig – lustig**er**.

2 Ergänze das passende Wiewort in der richtigen Form.

Ein lustiger Clown steht in der Manege.

Da nähert sich ein ____________ Löwe.

Vorsicht, Clown! Lauf weg!

Der ____________ Gewichtheber springt herein

und trägt den ____________ Löwen weg.

Drei ____________ Seehunde spielen mit Bällen.

Die ____________ Seiltänzerin staunt über den

____________ Elefanten.

Der Umzug

Familie Gilden zieht um. Es ist kaum zu glauben, wie viele Sachen in dem Möbelauto sind: Küchengeräte, Gartenmöbel, Spielzeug, Anziehsachen, Bücherkisten und vieles mehr. Frau Gilden sagt den Möbelträgern, wohin sie alles bringen müssen.

1 Unterstreiche im Text alle Wörter, die aus zwei anderen Wörtern zusammengesetzt sind.

2 Hier darfst du selbst Wörter zusammensetzen.
Schreibe sie links zu den passenden Sachen.

Vogel + Käfig
Noten + Ständer
Topf + Pflanze
Klavier + Hocker
Garten + Bank
Lampen + Schirm
Sofa + Kissen
Schaukel + Stuhl
Kleider + Schrank

Merk's dir!

Du kannst **Namenwörter** aus anderen Wörtern **zusammensetzen**. Der **Begleiter** richtet sich dabei nach dem **2. Wort** (**die** Topf**pflanze**). Zusammengesetzte Namenwörter erklären dir die Dinge genauer.

3 Bilde Wörter mit Haus-/-haus

Baum
Tür
Aufgabe
Haus-
-haus
Meister
Garten
Reihen

____
____
____
____
____
____

Für Könner!

4 Setze in die Mehrzahl.

!

der Spielplatz – die Spielplätze
der Buntstift – ______________________
das Wasserglas – ______________________
die Teetasse – ______________________
das Tischtuch – ______________________

Zwei seltsame Ritter

Wörter bestehen aus Wortteilen.
Diese Wortteile heißen **Silben**.

1 Ritter Rico setzt gerne Wörter zusammen. Du kannst ihm helfen. Schreibe die Wörter auf.

ge schrei le lie ~~ü~~ he	**ben**	Kin Fe Le Rä Bil Pu	**der**

________________ ________________

________________ ________________

________________ ________________

________________ ________________

üben ________________

________________ ________________

2 Ergänze jeweils die 2. Silbe der Tunwörter.

hen fen gen len ten

Sie lau _____ schnell.

Sie sa _____ nichts.

Die Lichter strah _____ .

Die Leute war _____ lange.

Sie ge _____ heim.

3 Zerlege die Wörter, die auf den Fahnen stehen, in Silben.

Ricos Nachbar ist Ritter Leo. Er ist sein bester Freund. Leos Burg kann man nur betreten, wenn man ein Silbenrätsel gelöst hat.

Für Könner!

4 Kannst du das Rätsel lösen?

!

1. Auf einem Pferd sitzen
2. Eine lange Fahrt
3. Mehrzahl von Zelt
4. In einem Zelt leben
5. Schnell gehen
6. Altes Saiteninstrument
7. Namenwort zu *helfen*
8. Einem anderen beistehen
9. Ein braunes Tier mit langen Ohren
10. Getreide, das Pferde besonders gern mögen.
11. Man nimmt sie zum Nähen.
12. Teil des Gesichts

Ausflug in den Zoo

Aufgeregt steht die ganze Klasse 2a vor dem Zooeingang.

1 Ergänze bei den Sätzen Punkt, Fragezeichen und Ausrufezeichen.

Herr Sämann sagt: „Lest euch das Plakat dort durch!“

Tom fragt: „Gibt es hier auch Nashörner __“

Justus ruft: „Sieh mal, der Papagei __“

Marion fragt: „Gehen wir auch zu den Löwen __“

Lina sagt: „Hurra, ein Hai __“

Lena meint: „Ich war schon oft im Zoo __“

Justus fragt: „Darf ich ein Eis haben __“

Sven sagt: „Es ist sehr heiß heute __“

Caro sagt: „Mist, ich habe mein Geld vergessen __“

Für Könner! **2** Mache aus dem Aussagesatz einen Fragesatz.

!

a) Das Wetter ist schön.

Ist das ______________________ ?

b) Die Sonne scheint.

______________________________ ?

c) Der Zoo schließt bald.

______________________________ ?

d) Kai lacht laut.

______________________________ ?

Sätze, die etwas mitteilen oder berichten, sind **Aussagesätze.** Sie haben am Ende einen **Punkt.**

An der Information neben dem Eingang hängt ein großes Plakat mit vielen Bitten an die Besucher.

Sätze, die etwas erfragen, heißen **Fragesätze.**
Sie haben am Ende ein **Fragezeichen.**
Sätze, die einen **Ausruf** enthalten, sind **Ausrufesätze**.
Sie enden mit einem Ausrufezeichen.

3 Ergänze darauf jeweils das zweite Wort (steckt, macht, bleibt, füttert, werft).

Bitten an alle Besucher

Bitte, ______________ keinen Abfall auf die Wege!

Bitte, ______________ keine Tiere!

Bitte, ______________ keinen Lärm!

Bitte, ______________ auf den Wegen!

Bitte, ______________ keine Hände durch die Gitter!

4 Verbinde die passenden Fragen und Antworten.

Wann werden die Löwen gefüttert?

Wie heißt das Tier mit dem langen Hals?

Wer klettert am besten?

Woher kommen die Elefanten?

Die Affen.

Es heißt Giraffe.

Aus Afrika und aus Asien.

Die Löwen werden um 11 Uhr gefüttert.

Namenwörter

- Namenwörter sagen dir die Namen von Personen, Tieren, Pflanzen und Dingen. Du schreibst sie **groß.**
- Namenwörter können die Begleiter **ein** oder **eine** haben. Sie können auch die Begleiter **der, die, das** haben.
- Namenwörter können in der **Einzahl** (Heft, Buch, ...) und in der **Mehrzahl** (Hefte, Bücher, ...) stehen.
- Du kannst **Namenwörter** aus anderen Wörtern **zusammensetzen.** Der Begleiter richtet sich dabei nach dem 2. Wort (**die** Topf**pflanze**).

Tunwörter

- Tunwörter sagen, was jemand tut. Sie werden **kleingeschrieben.**
- Tunwörter haben verschiedene Endungen. Sie richten sich nach dem, der etwas tut: **ich** schreib**e**, **du** schreib**st**, **er/sie/es** schreib**t**, **wir** schreib**en**, **ihr** schreib**t**, **sie** schreib**en.**

Wiewörter

- Wiewörter sagen dir, wie Menschen, Tiere, Pflanzen oder Dinge sind. Sie werden **kleingeschrieben**.
- Mit Wiewörtern kannst du **Vergleiche** vornehmen, z. B.: Karin ist klein. Sie ist **kleiner als** Conny.
- Wiewörter können sich verändern, z. B.: lustig – lustig**er**.

Satzarten

- Sätze, die etwas mitteilen oder berichten, sind **Aussagesätze**. Sie haben am Ende einen **Punkt**.
- Sätze, die etwas erfragen, heißen **Fragesätze**. Sie haben am Ende ein **Fragezeichen**.
- Sätze, die einen **Ausruf** enthalten, sind **Ausrufesätze**. Sie enden mit einem Ausrufezeichen.

Silben

Wörter bestehen aus Wortteilen. Diese Wortteile heißen **Silben**.

1 Kreise die Namenwörter ein.

TASSE	BLUME	VIELE	
GEHEN	SCHERE	FENSTER	OFT
MOND	HEUTE	EIN	RENNT
TELLER	STEHT	SCHÖN	

6 P

2 Schreibe die Namenwörter mit Begleiter hier auf.

____

____

6 P

3 Bilde die Mehrzahl.

das Haus – ____________ die Katze – ____________

das Nashorn – ____________ der Pinsel – ____________

4 P

4 Ergänze die fehlende Form.

malen – er ____________ klettern – er ____________

lesen – er ____________ essen – er ____________

4 P

5 Ergänze das Gegenteil. warm neu klein weich dünn lang

dick – ____________ alt – ____________ kalt – ____________

hart – ____________ groß – ____________ kurz – ____________

6 P

6 Ergänze ! oder ?

a) Kommst du morgen ___ c) Oh, wie schön ___

b) Kennst du Lena ___ d) Gib mir endlich das Buch ___

4 P

In diesem Test habe ich ______ Punkte
von insgesamt 30 Punkten erreicht.

Blätter, Blätter, Blätter

Was ein Blatt alles kann!

Ein Blatt kann baumeln
und taumeln,
es kann schaukeln
und gaukeln,
es kann gleiten
und reiten,
es kann fliegen
und schließlich auf der Wiese liegen.

Bastelanleitungen musst du sehr **sorgfältig lesen**. Nur dann kannst du die Sachen auch richtig nachbasteln.

1 Bastelst du gerne? Verbinde den Text mit dem passenden Bild.

a) Dazu brauchst du Blätter, Papier und Klebstoff.

b) Du trocknest die gesammelten Blätter in dicken Büchern.

c) Du zeichnest die Umrisse deines Bildes auf.

d) Dann klebst du die Blätter vorsichtig fest.

2 Wo ist das Blatt?

a) Das Kastanienblatt liegt

_______________ dem Stuhl.
(unter, auf, neben)

b) Das Eichenblatt liegt

_______________ dem Schuh.
(in, zwischen, hinter)

c) Das Notenblatt liegt

_______________ der Geige.
(unter, hinter, vor)

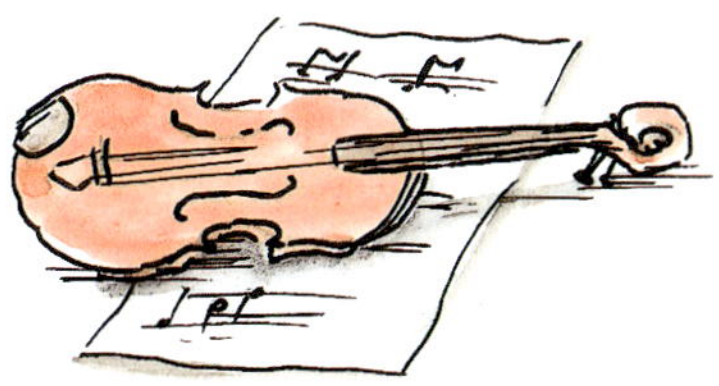

d) Das Blatt Papier liegt

_______________ dem Glas.
(neben, unter, hinter)

Für Könner!

3 Verbessere die falschen Wörter.

!

meln
Ein Blatt kann bau~~kel~~n und taukeln,
es kann schaugeln und gaugeln,
es kann gleimen und reimen,
es kann flieten und schließlich
auf der Wiese lieten.

Ros, die Waldhexe

Wenn es im Walde knistert und knackt,
wenn es im Walde zwitschert und zwackt,
wenn es im Walde krabbelt und kracht,
dann ist Ros, die Hexe, aufgewacht.

Dann hört man sie kichern und lachen
und viele Spri-Spra-Sprüche machen.
Dann hört man sie fürchterlich fluchen
und nach ganz frechen Wörtern suchen.

Da sieht man sie dann flattern und flitzen
oder im Ki-Ka-Kochtopf sitzen.
Da sieht man sie oft Sachen machen,
da müssen selbst die Eulen lachen.

1 Male die Hexe an.
Die Waldhexe trägt eine blaue Schürze und ein rotes Kleid. Sie hat einen gelben Hut und schwarze Haare. Ihre Pantoffeln sind rosa.

2 In diesem Paket ist ihr Geburtstagsgeschenk. Was könnte es sein? Male es.

3 Wenn im Wald gefeiert wird, zaubert Ros, die Waldhexe, leckere Plätzchen. Schreibe auf, welche Formen sie am liebsten hat.

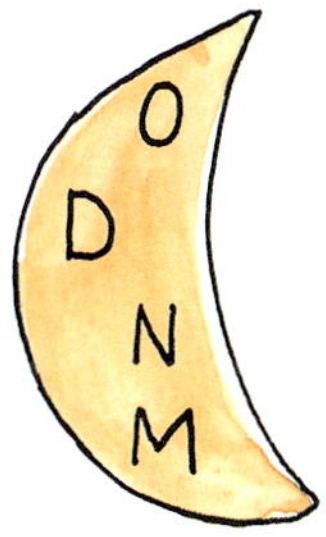

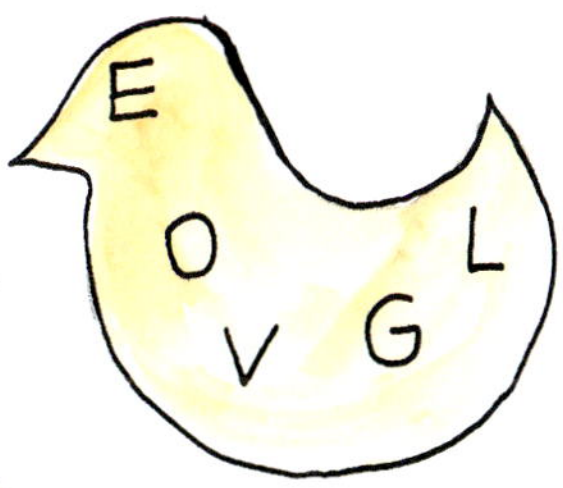

4 Auch die Lerndrachen versuchen zu zaubern. Ob diese Zaubersprüche helfen? Lies laut.

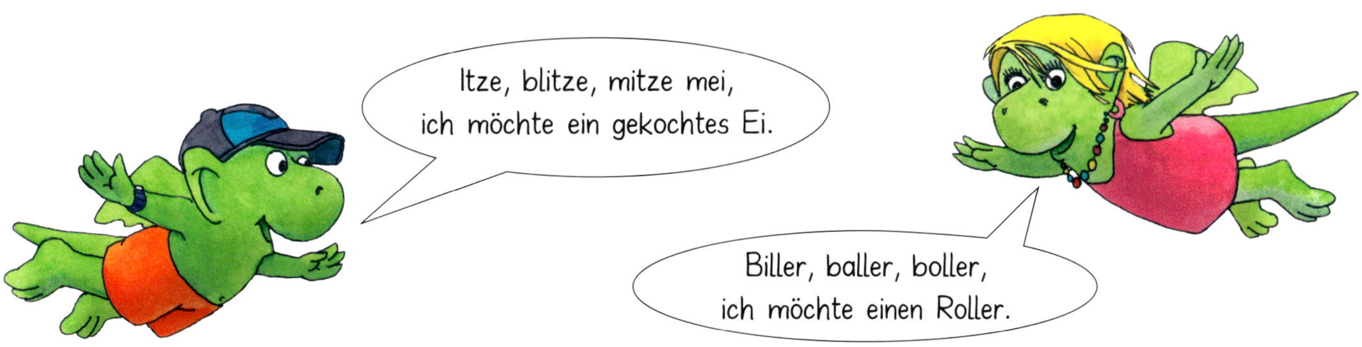

5 Erfinde auch einen Zauberspruch.

Kuh Lisa will ins Weltall

Lisa, Bauer Meckes klügste Kuh,
fand seit Sonntag keine Ruh'.
Sie trabte eifrig eine Runde
und sprach dann laut mit vollem Munde:

„Ich will mit den Astronauten geh'n
und mir das Weltall mal anseh'n.
Ich denke, das ist interessant
und mir noch völlig unbekannt."

„Darauf hätt' ich keinen Bock",
meckerte der Ziegenbock.
„Das lass ich doch lieber sein",
grunzte laut das dicke Schwein.

Die Tiere gingen schließlich weg,
nur Lisa stand da noch im Dreck,
hielt eine lange, kluge Rede,
und wurde dann allmählich müde.

1 Unterstreiche die richtigen Antworten.

a) Wie heißt die Kuh?
Leda
Lisa
Lola

b) Was will sie sich ansehen?
das Weltall
die Altstadt
das Dorf

c) Mit wem will sie dorthin gehen?
mit den Bauern
mit Freunden
mit den Astronauten

d) Welche Tiere haben keine Lust dazu?
das Pferd und die Katze
der Ziegenbock und das Schwein
der Hund und der Hahn

2 Schreibe die acht Tiere auf, die du auch auf einem Bauernhof finden kannst.

~~EN~~	GÄN	NYS	HÜH
SE	~~TEN~~	NER	PO
NE	KEL	HÄH	OCH
SEN	FER	LEN	FOH

Enten, ______________________________

____

____

3 Kennst du die Laute dieser Tiere? Verbinde, was zusammengehört.

Hunde	krähen
Pferde	grunzen
Schweine	gackern
Hähne	zwitschern
Hühner	schnattern
Gänse	bellen
Vögel	wiehern

Frecher Fridolin!

Für Könner!

1 Ergänze im Gedicht die fehlenden Reimwörter.

Der kleine Affe Fridolin

Dort steht der Affe Fridolin,
schau genau, dann siehst du ________.
Er klettert gern aufs Zirkuszelt,
wo er trompetet, kreischt und ________.

Die Leute sind dann sehr erschrocken
und wollen ihn ________________.
Doch er, er lacht sie einfach aus
und streckt die Zunge frech ____________.

Sein Freund, das ist der Kirchturmhahn.
Den schaut er sich am liebsten ______.
Dann klettert er zu ihm hinauf
und hört mit Schmusen nicht mehr ______.

2 *Ja* oder *nein*?

a) Der kleine Affe heißt Friedrich. ________

b) Er schläft auf dem Zirkuszelt. ________

c) Er lacht die Leute aus. ________

d) Sein Freund ist die Kirchenmaus. ________

e) Er klettert auch gern auf den Kirchturm. ________

Achte beim Lesen auf den Inhalt des Textes. Das trainierst du, indem du oft leise für dich liest. Stell dir dabei vor, was du liest.

3 Male rot an, was Affen gerne tun.

4 Wie heißen diese Menschenaffen?
Verbinde.

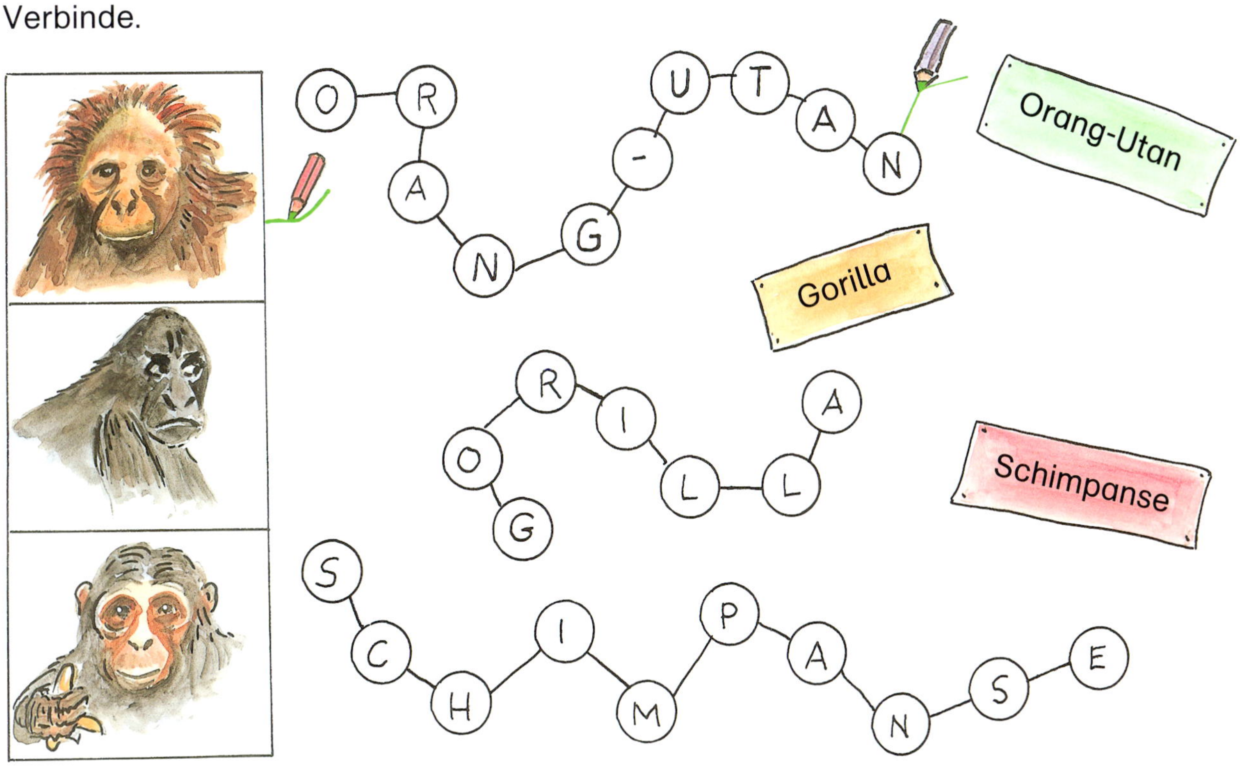

5 Was für ein Menschenaffe ist Fridolin?

Er ist ein ____________________.

Schnee im Kinderzimmer

1 Lies den Text und unterstreiche die Wörter *Papier, Schere, Federn, drückt, lachend, Schreck.*

Eva sitzt auf dem Bett und bastelt. Das Kopfkissen liegt auf ihren Knien. Sie benutzt es als Tisch. Gerade schneidet sie ein Blatt Papier durch.

Merkwürdig, wie schwer es auf einmal geht, denkt Eva. Was ist nur mit der Schere los? Endlich klappt es wieder. Eva schneidet munter weiter. Auf einmal kommen ihr ein paar Federn entgegen. Hei, es werden ja immer mehr!

Je fester sie auf das Kissen drückt, desto mehr Federn fliegen herum. „Hurra, es schneit!“, ruft Eva lachend. Doch dann bekommt sie einen Schreck.

Stelle **Fragen** an den Text. Das hilft dir, ihn besser zu verstehen.

2 Beantworte die Fragen.

a) Wo sitzt Eva? ____________________

b) Was benutzt sie als Tisch? ____________________

c) Was schneidet sie durch? ____________________

d) Was geht plötzlich so schwer? ____________________

e) Was fliegt auf einmal durch die Luft? ____________________

f) Hast du eine Idee, warum Eva einen Schreck bekommt?

____

____

____

3 Kreuze jeweils den richtigen Satz an.

a) ☐ Eva liegt im Bett.
☐ Eva sitzt im Bett.
☐ Eva steht im Bett.

b) ☐ Eva schneidet.
☐ Eva malt.
☐ Eva schreibt.

c) ☐ Federn fliegen durch das Zimmer.
☐ Vögel fliegen durch das Zimmer.
☐ Schneeflocken fliegen durch das Zimmer.

4 Kreise ein, was du am liebsten im Bett tust.

ein Buch lesen

schlafen

Flöte spielen

Geschichten hören

träumen

ein Bild malen

Schulaufgaben machen

5 Male alles an, was Federn hat.

Adler

Krokodil

Huhn

Ente

Dackel

Gans

Spatz

Fisch

Hahn

Spieglein, Spieglein ...

1 Ergänze im Text die fehlenden Wörter.

Der kleine Thomas steht vor dem Spiegel. Er schließt die __________. Langsam macht er sie wieder auf. Er kneift ein Auge zu. Immer wieder dreht er seinen __________ hin und her. Aber Thomas ist unzufrieden.

„Warum machst du denn die Augen zu, wenn du vor dem __________ stehst?“, fragt seine __________ nach einiger Zeit. „Ich will endlich wissen, wie ich im Schlaf aussehe“, stöhnt __________.

2 Ob Thomas es schließlich doch noch geschafft hat? Was meinst du?

ja ☐ nein ☐

3 Merkwürdige Wörter. Lies sie rückwärts und schreibe diese Wörter auf.

EHER – REHE   TOR – __________   NIE – __________

OTTO – __________   EIS – __________

TIM – __________   RETTER – __________

4 Was sagt Lizzy? (Ein Spiegel hilft dir.)

Spiele und Wörterrätsel trainieren die Geschicklichkeit und Schnelligkeit deiner Augen. So lernst du schneller zu lesen.

5 Zwei Wörter gehören nicht in diese Liste. Streiche sie durch.

Spiegelei
Spiegelfläche
Spielzeit
Spiegelschrank
Spielstraße
Spiegelschrift

6 Hier erfährst du, was Thomas am liebsten macht.

S

~~1~~ ~~2~~ 3 4 ~~5~~

1 ~~2~~ ~~3~~ 4 ~~5~~

R

1 2 3 4 5

1 ~~2~~ 3 ~~4~~

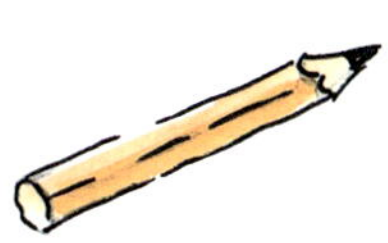

1 ~~2~~ 3 ~~4~~ ~~5~~

~~1~~ ~~2~~ ~~3~~ 4 5

_ _   _ _ _ _ _ _ _ _ _ _   _ _ _ _ _ .

Trubel auf dem Bahnhof

Liane und Markus stehen mit ihrem Vater auf Bahnsteig 2. Sie wollen ihre Großeltern abholen. Die Wartezeit vergeht sehr schnell, denn es gibt so viel zu hören und zu sehen.

A	B	C	D	E	F	G	H	I
1	2	3	4	5	6	7	8	9

J	K	L	M	N	O	P	Q	R
10	11	12	13	14	15	16	17	18

S	T	U	V	W	X	Y	Z	
19	20	21	22	23	24	25	26	

1 Was sagt der Lautsprecher?

22 15 18 19 9 3 8 20   2 5 9   4 5 18

5 9 14 6 1 8 18 20   4 5 19   26 21 7 5 19

2 Eine merkwürdige Abfahrtstafel!
Male die sieben Wörter gelb an, die mit Zug und Bahnhof zu tun haben.

3 Markus und Liane staunen über die vielen Zeichen, die sie sehen. Die meisten können sie verstehen. Du auch? Verbinde.

Dusche

Toiletten

Raucher

Restaurant

Untergrundbahn

Hotel

Parkhaus

Information

Telefon

Parkplatz

Notausgang

Nichtraucher

Merk's dir!

Nütze alle Gelegenheiten, um zu lesen. Lies zum Beispiel Plakate, wenn du unterwegs bist. So wirst du bald ein Schnellleser.

4 Ergänze die fehlenden Buchstaben auf dieser verschmutzten Abfahrtstafel.

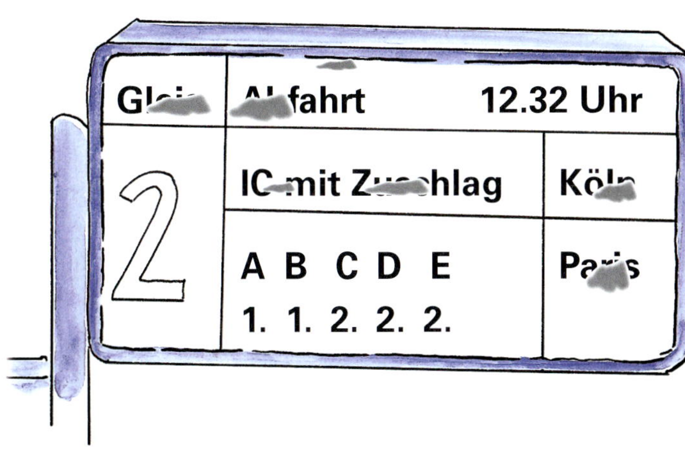

Obst und Gemüse! Kartoffeln!

1 Ergänze im Text die fehlenden Buchstaben.

Anne geht mit ihrer Mutter für das Wochenende einkaufen. Sie kaufen sechs Äpfel, zwei saftige B_rnen, drei gelbe B_n_nen, auch K_rschen, Aprik_sen und P_mpelmusen sind dabei. Aber sie gehen auch zum Gemüsestand, um Kart_ffeln, einen R_ttich, T_maten und P_prika zu kaufen. Nun müssen die beiden schwer tragen.

2 Welche Früchte mag Anne am liebsten?

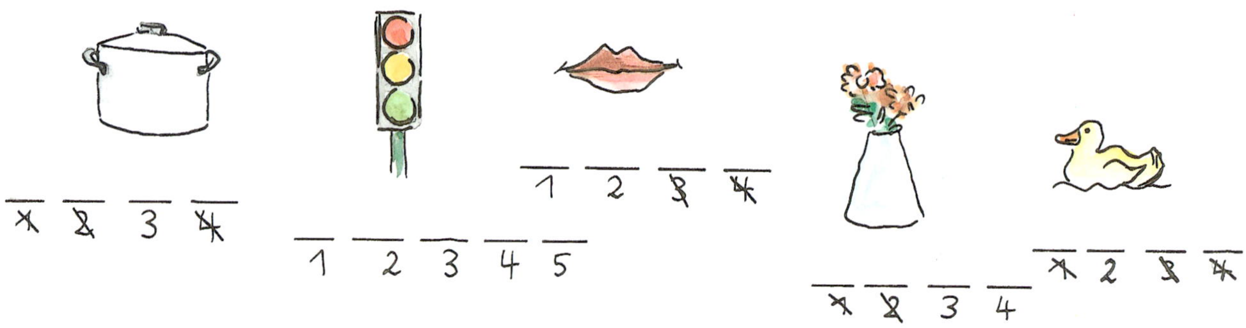

▶ _ _ _ _ _ _ _ _ _ _ _

3 Was isst du am liebsten?

Ich esse am liebsten ______________________________

____.

4 Beantworte die Fragen zum Bild mit *ja* oder *nein*.
Male das Bild dann aus.

a) Kannst du eine Katze sehen? ____________

b) Ist ein Hund auf dem Bild? ____________

c) Stehen auch Kinder am Obststand? ____________

d) Hängen zwei Kürbisse am Stand? ____________

e) Kann man hier Birnen kaufen? ____________

5 Streiche durch, was du nicht essen kannst.

Heringe · Bohnen · Holz · Salat · Erdbeeren · Bücher · Schinken · Honig · Schere · Brot · Rotkohl · Tulpen · Radieschen

Betten und andere Sachen

Lena soll endlich ein großes Bett bekommen. Die ganze Familie fährt zu einem Bettengeschäft: Vater, Mutter, Lena und der kleine Tobias. Ein netter Verkäufer zeigt ihnen viele Betten. Aber Lena kann sich nicht entscheiden. Mal liegt sie auf diesem Bett, mal auf jenem Bett. Sie sind alle sehr bequem. Lena überlegt.

Auf einmal ruft die Mutter erschrocken: „Wo ist denn unser Tobias?“ Ja, wo ist er denn nur? Alle suchen und suchen und suchen. Aber sie können ihn nicht finden. Auf einmal ruft eine Verkäuferin die Familie in einen Nebenraum. Sie zeigt auf ein kleines, hellblaues Himmelbett. Dort liegt Tobias und schläft tief und fest.

1 Stimmt das?

	ja	nein
a) Die ganze Familie fährt zum Bettengeschäft.		
b) Lena will kein neues Bett.		
c) Lena kann sich nicht so schnell entscheiden.		
d) Tobias ist auf die Straße gelaufen.		
e) Tobias liegt in einem Himmelbett.		

Wenn du dir einen Text gut merken willst, kannst du die **wichtigsten Wörter** daraus **aufschreiben**.

Für Könner!

2 Kreise hier nur die Wörter ein, die zum Text oben gehören.

!

Lena Blumen Bettengeschäft Wiese

Tobias Bett Eisgeschäft

tanzt Himmelbett

Anna schläft

3 Auf, im, hinter, neben, unter? Rahme das richtige Bild rot ein.

a) Der Strumpf liegt unter dem Kissen.

b) Die Bürste liegt auf dem Teller.

c) Der Strohhalm steckt im Glas.

d) Die Brille liegt neben dem Buch.

e) Das Glas steht hinter dem Kamm.

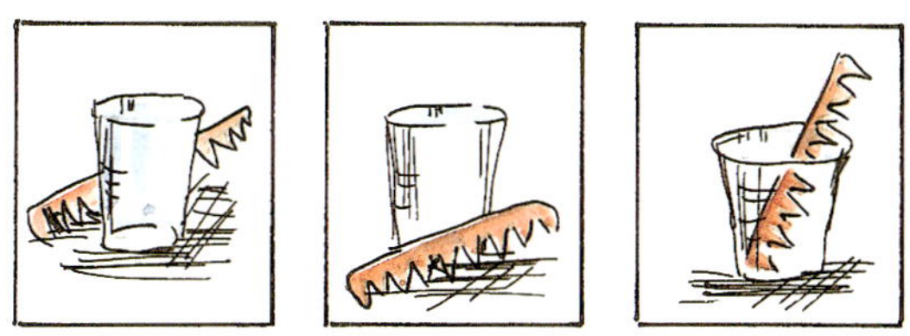

4 In jedem Wort ist ein anderes Wort versteckt. Kannst du es erkennen?

Bengel – Engel

Bein – ____________

Zimmer – ____________

Beule – ____________

Gast – ____________

Zeichen – ____________

hampeln – ____________

heben – ____________

Nacht – ____________

Greis – ____________

Na, so was!

Constantin und Emily machen ihre Hausaufgaben. Immer wieder schielt Constantin neidisch zu dem Aquarium hinüber. „Ihr habt es gut, ihr dummen Fische!“, schimpft er. Damit meint er Hotz und Plotz, die beiden Goldfische. „Ja, die haben es gut“, brummt Heide zornig.

Plötzlich erschrecken die Kinder. Da hat doch jemand gekichert, oder? Suchend schauen sie sich um, aber es ist niemand zu sehen.

Zwei Sekunden später schwimmen sie selbst als kleine Fische im Wasserglas, während Hotz und Plotz auf dem Teppich sitzen und mit Emilys Autos spielen. „Was ist denn nun los?“, will Constantin wissen, aber Emily versteht nur blubb-blubb.

1 Kreuze die richtigen Sätze an.

a) Constantin und Emily machen ihre Hausaufgaben. ☐

b) Sie freuen sich, weil sie Hausaufgaben machen dürfen. ☐

c) Sie beneiden die beiden Fische. ☐

d) Constantin und Emily spielen mit Heides Autos. ☐

e) Die Fische sitzen in der Küche und trinken Limo. ☐

d) Die Fische spielen mit Emilys Autos. ☐

2 Beantworte diese Fragen:

a) Wer macht seine Hausaufgaben? ______________________

b) Wen beneiden die beiden Kinder? ______________________

c) Die Kinder schauen sich um, wer gekichert hat. Was passiert dann?

____

____

____

Für Könner!

3 Wie mag die Geschichte ausgehen?
Schreibe einen Schlusssatz dazu.

!

Für Könner!

4 Hier sind vier schwierige Zungenbrecher. Kannst du mindestens zwei der Sprüche laut lesen, ohne dich zu versprechen?

!

Susi Sausewind sieht sieben süße Siebenschläfer.
Sieben süße Siebenschläfer sieht Susi Sausewind.

Zwei Schwalben zwitschern im Schwalbennest.
Im Schwalbennest zwitschern zwei Schwalben.

Blaue Blumen blühen blau.
Blau blühen blaue Blumen.

Drei Drachen drehen drei Drehorgeln.
Drei Drehorgeln drehen drei Drachen.

Nebelhexe Annebalt

Weit hinter den Rübenfeldern,
in der Nähe der Stadt Geldern,
steht ein Häuschen schief und alt.
Dort wohnt die Hexe Annebalt.

Hier braut sie Nebel, weiß und dicht,
dann sieht man Haus und Bäume nicht.
Das freut die Hexe, und sie lacht:
„Das hab' ich wieder gut gemacht!“

Dem Raben Lux gefällt das nicht.
Der Nebel ist ihm viel zu dicht.
Das Zauberbuch hat er drum gefressen,
und Annebalt hat das Zaubern vergessen.

1 Was steht in dem Gedicht? Kreuze an.

		ja	nein
a)	Die Hexe heißt Annemarie.		
b)	Sie wohnt in einem schiefen, alten Haus.		
c)	Sie braut dichten Nebel.		
d)	Der Rabe Lux ist begeistert.		
e)	Der Nebel ist oft sehr dicht.		
f)	Der Rabe hat das Zauberbuch verschenkt.		
g)	Annebalt hat das Zaubern vergessen.		

2 Male die verschiedenen Niederschläge blau an.

SONNE
SCHNEE
REGEN
TAU
AUTO
WIND
STURM
NEBEL
SCHIFF
NIESELREGEN
HAGEL

3 Die kleine Nebelhexe kann nicht nur Nebel herbeizaubern, sondern auch diese Dinge. Verbinde.

Ham

Gür

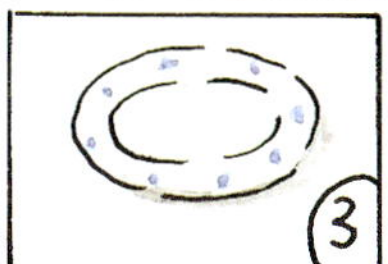

Tel

I

ler

mer

gel

tel

So

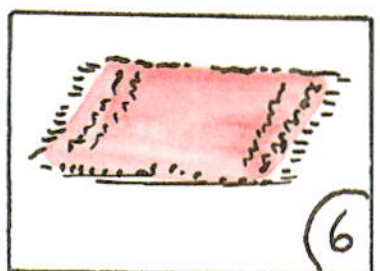

Tep

Ses

Be

sel

sen

fa

pich

4 Male ein Nebelbild.

Texte erschließen

- Achte beim Lesen auf den Inhalt des Textes. Das trainierst du, indem du oft leise für dich liest. Stell dir dabei vor, was du liest.
- **Fragen**, die du an einen Text stellst, helfen dir, einen Text zu verstehen.
- Wenn du dir einen Text gut merken willst, kannst du die wichtigsten **Wörter** daraus **aufschreiben**.
- Lies genau, denn auch die **kleinen Wörter** wie z. B. *auf, im, in,* ... sind wichtig.
- Besonders bei **Anleitungen** musst du sehr sorgfältig lesen. Dann kannst du die Sachen auch richtig ausführen.

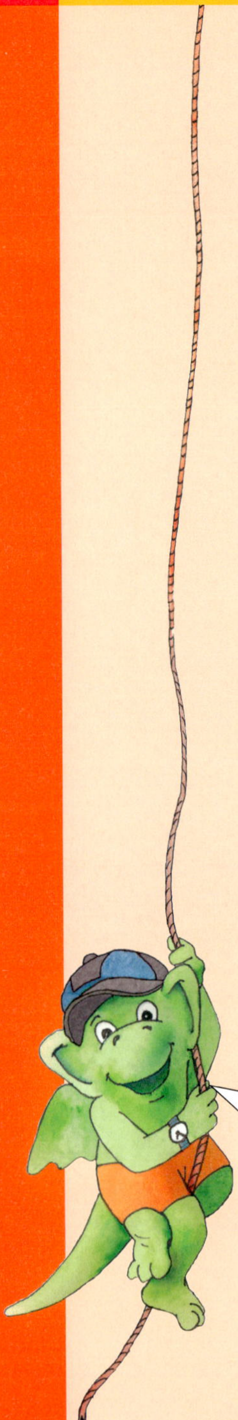

Lesen üben jederzeit

- Nütze alle **Gelegenheiten**, um zu lesen. Lies zum Beispiel Plakate, wenn du unterwegs bist. So wirst du bald ein guter Leser.
- **Spiele und Worträtsel** trainieren die Geschicklichkeit und Schnelligkeit deiner Augen. So lernst du, die Wörter immer schneller zu lesen.

Blickspanne erweitern

Versuche, beim Lesen immer **viele Wörter gleichzeitig** im Blick zu haben. So lernst du, immer schneller zu lesen.

1 Lies die versteckten Sätze und schreibe sie auf.

a) VVVDieVHexeVVfliegtVVVaufVdemVVBesenVVVdavon.VV

____ 7 P

b) NLissyNNundNNLennyNNlaufenNNNumNNdieNNWette.N

____ 7 P

2 Verbinde mit dem richtigen Wort.

a) Welches Pferd trägt keinen Reiter? — Fledermaus

b) Welche Maus kann fliegen? — Seelöwe

c) Welcher Löwe hat keine Mähne? — Seepferdchen

3 P

3 Stimmt das? Schreibe *ja* oder *nein.*

a) Kamele leben am Nordpol. __________

b) Igel haben Stacheln. __________

c) Viele Vögel bauen Nester. __________

d) Die Sonne dreht sich um die Erde. __________

e) Die Tulpe ist ein Baum. __________

f) Hasen jagen gerne Hunde. __________

g) Hühner haben Federn. __________

7 P

In diesem Test habe ich ______ Punkte
von insgesamt 24 Punkten erreicht.

Eine fantastische Geschichte!

Eine **Erzählung** kann ein eigenes, ein geträumtes oder erfundenes Erlebnis erzählen.

1 Schreibe zu jedem Bild den passenden Satz.

Plötzlich wird das Schiff immer größer.

Nora bastelt ein Papierschiff.

Dann setzt sie es ins Wasser.

Nora freut sich, steigt ein und fährt davon.

Nora bastelt ______________________

____

____

____

____

____

____

____

2 Mit welcher Einleitung könnte die Geschichte beginnen?
Denke dir zunächst Antworten auf diese Fragen aus:

Wer ist die Hauptperson? ____________________

Wann spielt die Geschichte? ____________________

Wo spielt die Geschichte? ____________________

3 Fasse die Antworten in einer Einleitung zusammen.

____

____

____

In einer **Einleitung** nennst du Personen, Ort und Zeit, damit der Leser die Geschichte besser versteht.

4 Wie soll die Geschichte zu Ende gehen?
Erfinde den Schluss. Wenn du magst,
male ein passendes Bild auf einen Malblock.

____

____

____

____

____

Auf dem Dachboden

1 Schreibe neben jedes Bild den passenden Satz.

auf dem Dachboden.

stehen

Alex und Nele

Alex und ___

___

___

öffnen

Sie

eine große, alte Kiste.

vorsichtig

___

___

___

2 Wie geht es weiter?
Schreibe und male die
Geschichte zu Ende.

Achte auf treffende Tunwörter und Wiewörter. Dann wird deine Geschichte spannend und lebendig.

③

3 Hast du an einen abschließenden Schlusssatz gedacht? Wenn nicht, dann schreibe ihn nun. Du kannst auch einen der beiden Beispielsätze nehmen, wenn sie passen.

Merk's dir!

Eine gute Geschichte endet mit einem **Schlusssatz**, der die Geschichte abrundet.

Alex und Nele bleiben den ganzen Tag auf dem Dachboden.

Die Kinder freuen sich sehr über diese Überraschung.

Der erste Preis

1 Schreibe den Satz neben das Bild.

In ihren Ferien bauen Mia und Leo eine große Sandburg

In ihren Ferien ______________________

____

____

____

2 Male das zweite und dritte Bild, und schreibe einen Text dazu. Vorsicht: Schau zuerst, wie die Geschichte ausgeht!

____

____

____

____

③

Merk's dir!

Der Teil zwischen Einleitung und Schluss ist der **Hauptteil**. Das ist der längste Teil. Er muss spannend sein, damit der Leser ihn gerne liest.

Mia und Leo haben den ersten Preis gewonnen.

Die beiden freuen sich sehr.

Mia und Leo

Hilfe, ein Gespenst!

1 Setze die passenden Wörter in den Lückentext.

kuschelt · Bett · Tür · zitternd · Schreck · langer · murmelt

____

Laura geht heute früh ins __________, denn sie ist sehr müde.

Sie ______________ sich unter die Bettdecke.

„Ach, ist das gemütlich“, ______________ sie.

Da geht die __________ auf.

Ein __________ Seufzer ertönt:

„Hu - huuuuh - huuh!“

Laura bekommt einen ____________.

Sie sitzt ______________ in ihrem Bett.

Jede Erzählung besteht aus Überschrift, Einleitung, Hauptteil und Schluss.
Wähle eine **Überschrift,** die **neugierig** macht.

2 Aber dann …
Male und schreibe, wie die Geschichte weitergeht.

③

3 Ergänze auf der linken Seite eine passende Überschrift. Du kannst dir auch selbst eine ausdenken.

Das komische Gespenst

Ein dummes Gespenst

So ein Schreck

Überraschung am Abend

Was eine Erzählung erzählt
Eine Erzählung kann ein eigenes, ein geträumtes oder erfundenes Erlebnis erzählen.

Bestandteile einer Erzählung
Jede Erzählung besteht aus Überschrift, Einleitung, Hauptteil und Schluss.

Die Überschrift
Wähle diese so, dass sie den Leser neugierig macht.

Einleitung
In einer **Einleitung** nennst du Personen, Ort und Zeit, damit der Leser die Geschichte besser versteht.

Schlusssatz
Eine Geschichte endet mit einem **Schlusssatz**, der die Geschichte abrundet.

Hauptteil
- Der Teil zwischen Einleitung und Schluss ist der Hauptteil. Das ist der **längste Teil**. Er muss spannend sein, damit der Leser ihn gerne liest.
- Achte auf **treffende Tunwörter** und **Wiewörter**. Sie machen deine Geschichte spannend und lebendig.

1 Kreuze an, was richtig ist.

Eine Erzählung

a) braucht eine Einleitung. ☐

b) braucht keine Einleitung. ☐

In der Einleitung nennst du

c) Personen, Ort, und Zeit des Geschehens. ☐

d) nur den Ort. ☐

Ein Schlusssatz

e) ist bei einer Erzählung nicht nötig. ☐

f) zeichnet eine gute Erzählung aus. ☐

Der Hauptteil

g) ist unwichtig. Einleitungssatz und Schlusssatz genügen. ☐

h) ist der lange, mittlere Teil einer Geschichte. Er darf nicht fehlen. ☐

Eine Überschrift

i) ist bei einer Erzählung überflüssig. ☐

j) darf nicht fehlen. Sie macht den Leser neugierig auf die Geschichte. ☐

5 P

2 Eine Erzählung besteht aus

Einleitung ☐ Wetterbericht ☐ Hauptteil ☐

Überschrift ☐ Schluss ☐ Einladung ☐

4 P

In diesem Test habe ich ______ Punkte von insgesamt 9 Punkten erreicht.

Ein Anruf von Vater

Vater: Hallo, Lars!

Lars: Hallo, Papa!

Vater: Wie geht es dir?

Lars: Mir geht es prima, danke. Warum rufst du an?

Vater: Ich hätte eine Bitte an Mama. Ist sie zu Hause?

Lars: Nein, sie ist zum Bäcker gegangen.

Vater: Sag Mama doch bitte, dass ich sie um zwei Uhr treffen will. Sie soll vor dem Möbelhaus Wagner stehen. Ich will ihr dort einen schönen Schrank zeigen.

Lars: Mach ich, bis heute Abend, Papa.

Vater: Bis nachher, Lars.

1 Unterstreiche diese Stichwörter oben im Text.

2 Lars schreibt nun die Nachricht für seine Mutter auf. Beantworte die Fragen.

1) Wer hat angerufen? ______

2) Was wollte er? ______

3) Wo will er Mutter treffen? ______

______

4) Wann? ______

5) Warum? ______

Auf einem Merkzettel hältst du **das Wichtigste** in wenigen Worten fest.

Für Könner!

3 Lizzy erzählt Lenny von einem geplanten Ausflug. Schreibe einen Merkzettel für Lenny in dein Heft. Achtung, nicht alles, was Lizzy sagt, ist für den Ausflug wichtig.

„Heute habe ich sogar schon einen Aufsatz geschrieben. Morgen fahren wir um 9 Uhr los. Wir treffen uns an der Bushaltestelle hinter dem gelben Haus. Mit Opa Nepomuk bin ich heute schon um die Wette geflogen. Du brauchst etwas zu essen und zu trinken. Und einen Regenschirm solltest du auch einpacken. Was macht eigentlich dein Drachenflügel? Tut er noch weh?“

Eine Nachricht für Mutter

Während Mutter die Nachbarin im Krankenhaus besucht, bekommt Nina einen Anruf von ihrer Freundin Laura: „Kommst du heute zu mir spielen?“, fragt Laura.
„Oh ja, ich schreibe schnell eine Nachricht für meine Mutter. Dann komme ich“, lacht Nina.

Nina sucht einen Zettel und einen Stift. Dann schreibt sie:

Liebe Mama!

Ich bin um drei Uhr zu Laura gegangen.
Wir spielen dort im Garten.
Um fünf Uhr bin ich wieder zu Hause.

Deine Nina

Eine Nachricht enthält nur **wichtige Informationen**. Außerdem hat sie eine **Anrede**. So weiß jeder, für wen die Nachricht ist.

1 Schreibe auf, was die Mutter in dieser Nachricht erfährt.

1) Wann ist Nina weggegangen? ______________________

2) Wohin ist sie gegangen? ______________________

3) Wann kommt sie wieder? ______________________

Tobias möchte mit seinem Freund Jan ins Schwimmbad gehen. Schnell schreibt er eine Nachricht für seine Mutter auf.

2 Ergänze die fehlenden Wörter.

Liebe Mama!

Um ______________ bin ich ______________

ins ________________________

gegangen.

Ich bin __________________ wieder zurück.

Dein Tobias

3 Schreibe auf, was man in einem Schwimmbad tun kann.

tauchen, ____

Die 2a plant einen Spieltag

Die Klasse 2a will am 10. Juni um 15 Uhr einen Spielnachmittag veranstalten. Er soll auf der Rheinwiese hinter der Brücke stattfinden. Viele Vorschläge werden dazu gemacht.

1 Unterstreiche so:
grün – Vorschläge für die Getränke
rot – Vorschläge für das Essen
blau – Vorschläge für die Spiele

2 Anschließend schreiben sie das Wichtigste an die Tafel. Hilf ihnen.

1) Wann ist das Fest? ______________________

____

2) Wo ist das Fest? ______________________

____

3) Was wird gegessen? ______________________

____

4) Was wird getrunken? ______________________

5) Was wird gespielt? ______________________

____

3 Ordne die Wörter richtig zu.

rufen flüstern schreien murmeln

tuscheln heulen wispern brüllen

laut: ______________________

leise: ______________________

Eine Einladung zum Spieltag

Die Klasse möchte die Eltern und Geschwister zum Spielnachmittag einladen. Verschiedene Einladungsvorschläge werden vorgelesen.

Emilias Vorschlag:

Liebe Eltern, liebe Geschwister!

Wir laden euch zu unserem Spielnachmittag ein.
Wir freuen uns auf euch.

Viele Grüße,
eure Klasse 2a

Jannis Einladung:

Liebe Eltern, liebe Geschwister!

Zu unserem Spielnachmittag am Rhein laden wir euch herzlich ein.
Wir werden viele schöne Sachen machen.

Liebe Grüße,
eure Klasse 2a

Lenas Vorschlag:

Liebe Eltern, liebe Geschwister!

Wir laden euch zu unserem Spielnachmittag auf der Rheinwiese hinter der Brücke ein.
Er findet am 10. Juni um 15 Uhr statt.

Viele Grüße,
eure Klasse 2a

1 Kreuze an, in welcher Einladung die Eltern erfahren, wann und wo das Fest stattfindet?
Sie erfahren es in der Einladung von

Janni ☐ Lena ☐ Emilia ☐

2 Schreibe selbst eine Einladung. Setze dazu die Satzteile richtig zusammen.

In einer **Einladung** nennst du Grund, Ort und Zeit der Feier.

Wir laden euch zu dem Schulfest

am 16. Mai ein.

auf dem Schulhof statt.

Klasse _

Es findet

Liebe Eltern!

um 14 Uhr

Viele Grüße,

____

____

____

____

____

____

____

Wir basteln Lesezeichen

1 Verbinde die Wörter mit den Bildern.

Zum Basteln von Lesezeichen brauchst du:

2 Schreibe auf der rechten Seite neben die Bilder, was gemacht werden muss.

Achte bei einer Anleitung auf die **richtige Reihenfolge.** Verwende außerdem **genaue Bezeichnungen** und **treffende Tunwörter.**

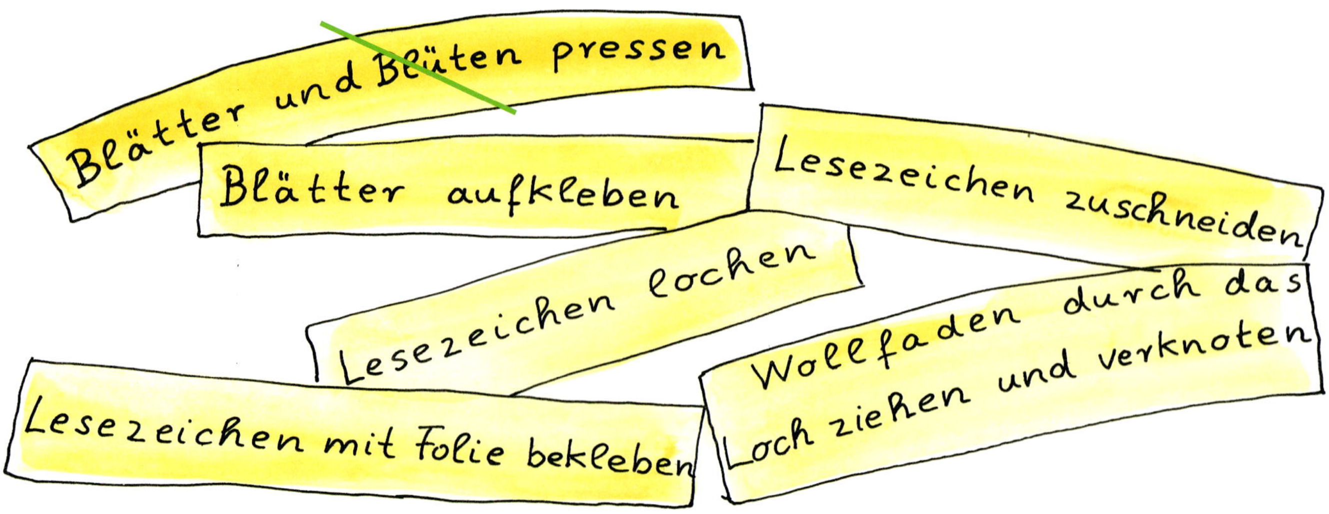

Blüten und Blätter pressen

Justus und die Tagetes

1 Verbinde Satz und Bild. Was gehört zusammen?

A
Von nun an gießt er sie regelmäßig.

B
Zuerst schüttet Justus Erde in den Blumenkasten.

C
Später setzt er die kleinen Pflanzen in den Garten.

D
Dann steckt er vorsichtig einige Tagetessamen in die Erde.

Später beschreibt Justus diese Tätigkeit seiner Freundin Hanna.

2 Ergänze die fehlenden Satzteile.

____

Wenn ich Tagetes heranzüchten möchte, mache ich das so:

1) Zuerst schütte ich Erde _______ _______ _____________________.

2) Dann __________ _______ vorsichtig einige ______________________ in die Erde.

3) Von nun an __________ _______ sie regelmäßig.

4) Später __________ __________ die kleinen Pflanzen vorsichtig _______ _______ ____________.

Achte bei der Beschreibung einer Tätigkeit auf die **richtige Reihenfolge**.

3 Schreibe eine Überschrift dazu.

Eine Postkarte für Tante Julia

Diese Postkarte schrieb Lisa an ihre Tante Julia.

1 Male so:
einen roten Kreis um die Anschrift,
einen gelben Kreis um den Absender,
einen blauen Kreis um die Anrede,
einen rosa Kreis um den Text und
einen grünen um den Schluss.

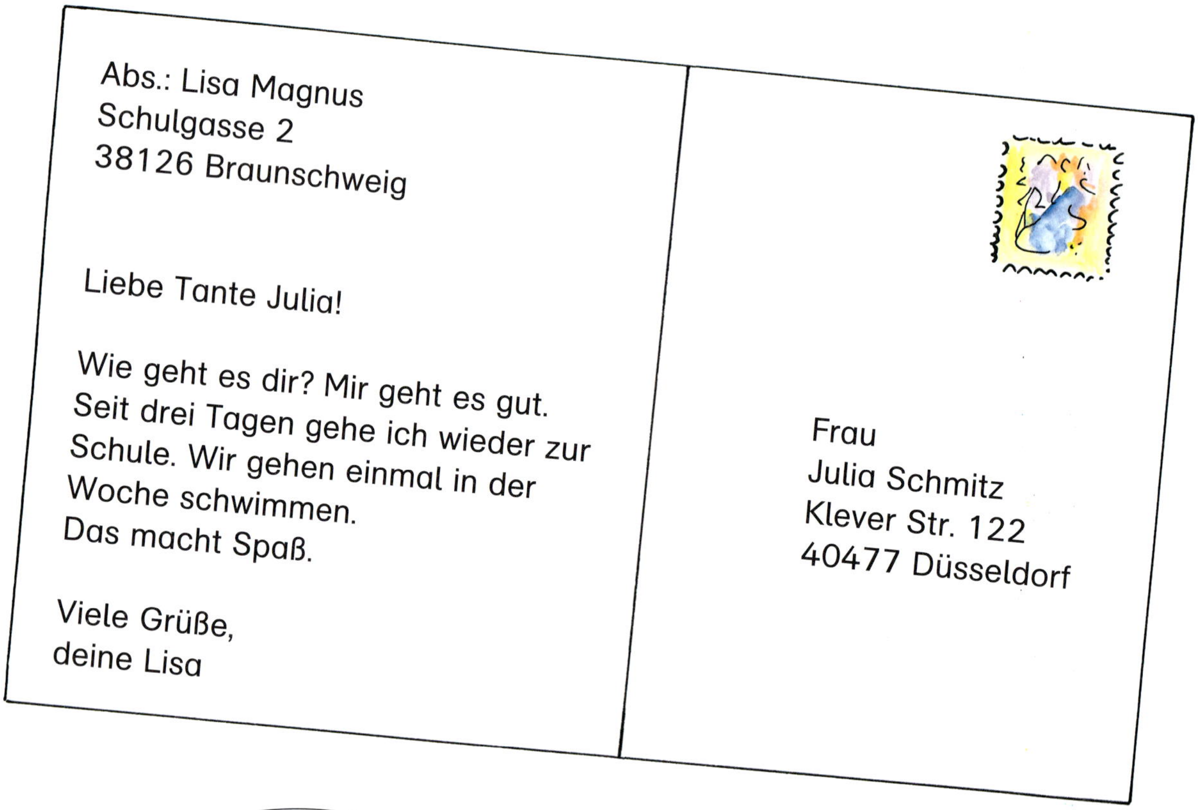
Abs.: Lisa Magnus
Schulgasse 2
38126 Braunschweig

Liebe Tante Julia!

Wie geht es dir? Mir geht es gut.
Seit drei Tagen gehe ich wieder zur
Schule. Wir gehen einmal in der
Woche schwimmen.
Das macht Spaß.

Viele Grüße,
deine Lisa

Frau
Julia Schmitz
Klever Str. 122
40477 Düsseldorf

Auf einer Postkarte schreibst du die Anschrift und den Absender, die Anrede und den Text. Ein Gruß und die Unterschrift stehen am Schluss. Die Anredefürwörter für vertraute Personen darfst du auch großschreiben (du/Du, ihr/Ihr, dir/Dir, euch/Euch, dich/Dich, ...).

2 Schreibe die Postkarte auf Seite 18 ab oder schreibe selbst eine Postkarte.

Abs.: ____________________

____

____

____

____

____

____

3 Bilde neue Tunwörter.

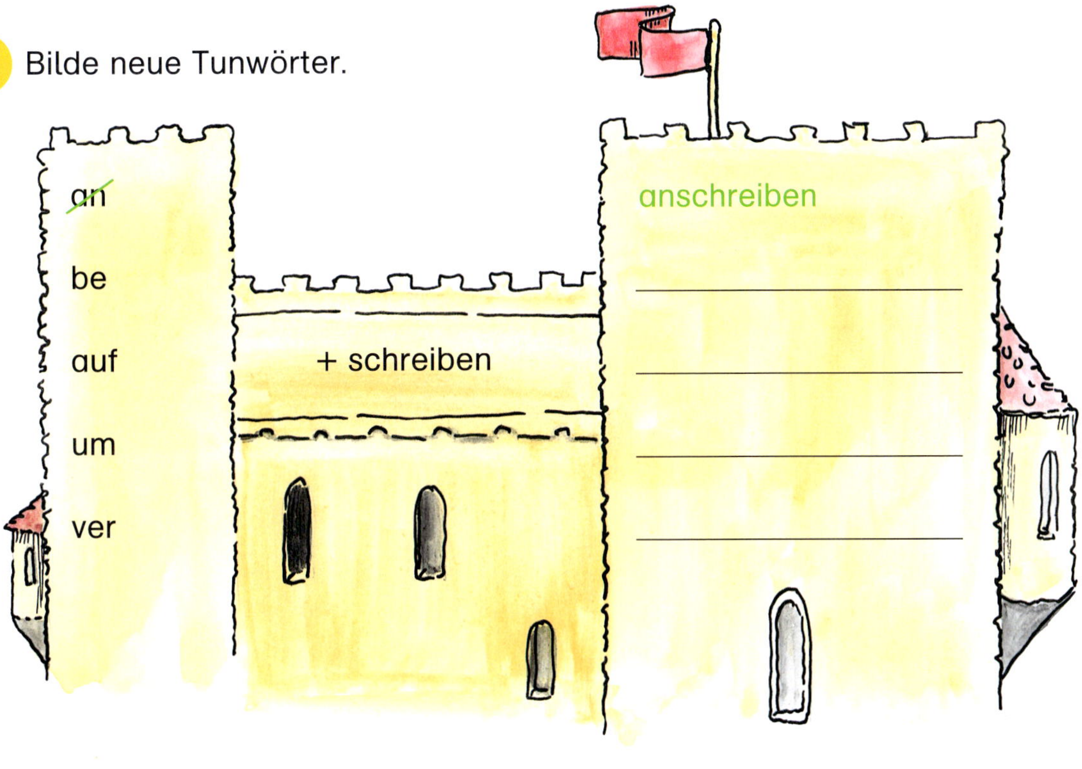

Ein neues Haustier

1 Ergänze den Tiernamen.

„Ich habe ein Tier bekommen, ich habe ein Tier bekommen!“, jubelt Klara. „Was ist es denn?“, will Simon wissen. „Rate mal: Es ist schwarz mit vier weißen Pfoten, an denen scharfe Krallen sind. Wenn es wütend ist, macht es einen Buckel. Es kann ganz leise schleichen. Wenn es sich freut, schnurrt es“, erklärt Klara.

„Ah, ich weiß, es ist eine ______.“
(EZTAK)

Möchtest du ein **Tier beschreiben,** dann erkläre, wie es aussieht, was es kann, welche Laute es von sich gibt und was es gerne tut.

2 Male das Tier hier auf. Wenn du möchtest, kannst du dein Lieblingstier daneben zeichnen.

3 Unterstreiche die fünf Wiewörter oben im Text.

Nun erzählen auch die anderen Kinder von ihren Haustieren.

4 Verbinde Text und Bild, und schreibe die Tiernamen auf die Bilder.

d) ______________________

Mein Tier ist groß. Es hat einen langen Schwanz und große, spitze Ohren. Es hat ein langes Maul mit scharfen Zähnen. Es kann knurren und bellen.
(DNUHREFÄHCS)

b) ______________________

Rita

Mein Tier lebt im Wasser. Es ist goldgelb.
(HCSIFDLOG)

Kai

a) ______________________

c) ______________________

e) ______________________

5 Beschreibe dein Lieblingstier.

____

____

____

____

____

Kleiderraten macht Spaß!

Die Kinder der Klasse 2b spielen das Spiel „Kleiderraten“.

1 Hilf ihnen beim Raten. Wer trägt welche Kleider.

1) Es ist viereckig. Es ist aus Seide. Es ist rosa. In einer Ecke ist ein kleines Muster.

Es ist ______________________.

2) Es ist blaugrün mit schwarzen Nähten. Es hat einen braunen Gürtel. Es hat fünf Taschen.

Es ist ______________________.

3) Es reicht vom Hals bis zu den Knien. Es ist gelb mit roten Punkten. Es hat einen blauen Gürtel.

Es ist ______________________.

4) Es ist blau und grün gestreift. Es hat drei gelbe Knöpfe. Es hat kurze Ärmel.

Es ist ______________________.

2 Male und beschreibe das Kleidungsstück, das du am liebsten hast.

Bei **Beschreibungen** ist wichtig, dass du auf die Einzelheiten genau eingehst.

____

____

____

____

____

____

3 Findest du die Gegenteile?

1) Was nicht dunkel ist, das ist ______________.

2) Was nicht langsam ist, das ist ______________.

3) Was nicht groß ist, das ist ______________.

4) Was nicht schmutzig ist, das ist ______________.

5) Was nicht kurz ist, das ist ______________.

6) Wer nicht mutig ist, der ist ______________.

7) Was nicht hart ist, das ist ______________.

8) Wer nicht arm ist, der ist ______________.

reich
klein
weich
hell
rein
bang
lang
schnell

Hier ist alles Wichtige aus diesem Kapitel für dich zusammengefasst.

Merkzettel
Auf einem Merkzettel hältst du **das Wichtigste** in wenigen Worten fest.

Nachricht
Eine Nachricht enthält nur **wichtige Informationen**. Außerdem hat sie eine **Anrede**. So weiß jeder, für wen die Nachricht ist.

Einladung
In einer **Einladung** nennst du Grund, Ort und Zeit der Feier.

Anleitungen
- Achte bei einer Anleitung auf die **richtige Reihenfolge.**
- Verwende außerdem **genaue Bezeichnungen** und **treffende Tunwörter**.

Eine Postkarte schreiben
- Auf einer Postkarte schreibst du die **Anschrift** und den **Absender**, die **Anrede** und den **Text**. Ein **Gruß** und die **Unterschrift** stehen am Schluss.
- Die **Anredefürwörter** für vertraute Personen darfst du auch großschreiben (du/Du, ihr/Ihr, dir/Dir, euch/Euch, dich/Dich, ...).

Beschreibungen
- Bei **Beschreibungen** ist wichtig, dass du auf die Einzelheiten genau eingehst.
- Verwende die **richtigen Begriffe**.
- Möchtest du z. B. ein **Tier beschreiben**, dann erkläre, wie es aussieht, was es kann, welche Laute es von sich gibt und was es gerne tut.

1 Was ist richtig? Kreuze an.

Auf Merkzetteln

a) wird nur das Wichtigste geschrieben. ☐

b) wird alles ausführlich erzählt. ☐

Auf Mitteilungen für andere

c) muss kein Empfänger stehen. ☐

d) muss ein Empfänger stehen. ☐

Nach einem Klassengespräch

e) wird das Wichtigste aufgeschrieben. So kann nichts vergessen werden. ☐

f) schreibst du nur schöne Sätze auf. ☐

3 P

2 Kreise die Wörter für *sagen* ein.

rufen laufen tuscheln husten antworten trinken

gehen flüstern haben erklären stehen

5 P

3 Stimmt das? Schreibe *ja* oder *nein*.

In einer Einladung

a) nennst du Grund, Ort und Zeit der Feier. ________

b) nennst du nur den Ort der Feier. ________

Bei Anleitungen

c) ist die Reihenfolge egal. ________

d) muss die Reihenfolge stimmen. ________

Bei Beschreibungen

e) nennst du keine Einzelheiten. ________

f) nennst du viele Einzelheiten. ________

6 P

In diesem Test habe ich ______ Punkte von insgesamt 14 Punkten erreicht.

Deutsche Begriffe	Beispiele	Lateinische Begriffe
Namenwort, Hauptwort	das Haus	Nomen, Substantiv
Einzahl des Namenwortes	das Haus	Singular
Mehrzahl des Namenwortes	die Häuser	Plural
Zeitwort, Tunwort, Tätigkeitswort	gehen	Verb
Grundform des Zeitwortes	gehen	Infinitiv
Befehlsform des Zeitwortes	Geh! Geht!	Imperativ
Eigenschaftswort, Wiewort	schnell	Adjektiv
Steigerung: Grundstufe	schnell	
1. Vergleichsstufe (Höherstufe)	schneller	Komparativ
2. Vergleichsstufe (Höchststufe)	am schnellsten	Superlativ
Begleiter, Geschlechtswort	der, die, das / ein, eine, ein	Artikel
Fürwort, Stellvertreter	er, sie, ihr, sein, ...	Pronomen
Zahlwort	sechs, viele, ...	Numerale
Verhältniswort	auf, im, unter, ...	Präposition
Bindewort	da, weil, aber, ...	Konjunktion
Umstandswort	Er singt **gern**.	Adverb
Selbstlaut	a, e, i, o, u	Vokal
Mitlaut	t, f, k, m, ...	Konsonant
Umlaut	ä, ö, ü, äu	–
Gegenwart	ich **gehe**	Präsens
1. Vergangenheit	ich **ging**	Imperfekt, Präteritum
Zukunft	ich **werde gehen**	Futur
Vollendete Gegenwart, 2. Vergangenheit	ich **bin gegangen**	Perfekt
Vollendete Vergangenheit	ich **war gegangen**	Plusquamperfekt
Satzgegenstand	**Simon** gibt der Mutter rasch das Buch.	Subjekt
Satzaussage, Satzkern	Simon **gibt** der Mutter rasch das Buch.	Prädikat
Satzergänzung	Simon gibt der Mutter rasch **das Buch**.	Objekt
Angabe des Ortes (Ortsangabe, Umstandsbestimmung des Ortes)	Ina ist **im Wald**.	adverbiale Bestimmung des Ortes
Angabe der Zeit (Zeitangabe, Umstandsbestimmung der Zeit)	Kim kommt **in zwei Wochen**.	adverbiale Bestimmung der Zeit
Angabe der Art und Weise	Sie reitet **im Galopp**.	adverbiale Bestimmung der Art und Weise
1. Fall, Wer-Fall	der Handwerker	Nominativ
2. Fall, Wessen-Fall	des Handwerkers	Genitiv
3. Fall, Wem-Fall	dem Handwerker	Dativ
4. Fall, Wen-/Was-Fall	den Handwerker	Akkusativ